어쩌자고 당신
　　　자꾸자꾸
　　　　생각날 거예요

　　　　　　손준호 드림 준호

어쩌자고 나는 자꾸자꾸

손준호 시집

시산맥 문고시선

■ 시인의 말

그간 말이 길었다.
언어의 군살을 좀 뺐다.
딸 채현이가 찜해둔
손바닥 시편으로 묶었다.
행간의 굽을 낮췄다.
눈동자가 사뿐사뿐 걸었으면 한다.

2022년 7월 손준호

■ 차 례

디카시

1부

버킷 리스트	19
구름 생각	20
종이배	21
욕지도	22
초여름	23
연잎	24
분수	25
추분	26
편지	27
돌부처	28
문상	29
보약	30
날아라, 고양이	31
돋보기안경	32
우울한 아이스크림	33

2부

랩	37
기도	38
염색	39
순산	40
꾀병	41
오프사이드	42
칼	43
빼빼로	44
아아	45
개망초	46
부재	47
부처님도 바쁘시다	48
결례	49
바람 가족	50
상처	51
여름 살려	52
생명 보험	53

3부

입하立夏	57
보현산	58
갈매기섬	59
연극	60
꽃뿔	61
안전벨트	62
go back	63
추석달	64
쇠꽃	65
배틀battle	66
양념	67
혼밥	68
청거북	69
12월	70
동창	71
영천永川	72
붉은 자루	73
욕쟁이 할매	74
홍시분계선	75

4부

달집	79
대략난감	80
마늘빵	81
장기기증	82
겨울비	83
캐논	84
구두	85
안부	86
해바라기	87
마음의 근육	88
겨울나기	89
안은정	90
멧비둘기	91
면벽	92
첫	93
소설小雪	94
역주행	95
밥 한번 먹는 거리	96
마지막 포옹	97

산문

말 건네기	98
별 것 아니면서 특별한,	99

캐치볼

어디로 날려 보낼까

이 홀가분한 가을을

이 둥근 우주를

복수초

주먹눈 함 못 보고

어라, 봄 오겼어야

돌확 밀어 비집고 솟은

남녘의 눈새기꽃

암, 복수는 그런 것이야

부들

부들부들

바람이 훑고 갈 때

행여나 배고플까 봐

봇도랑 물가 꽂아둔

누런 소시지 하나

하심

근심 없이
연풍에 몸 맡기는 강자락
아랫도리 은빛 그러모아 놓고
구름 쪽으로 마음 출렁이는 하늘

동물병원 다녀온 강아지
아무래도 어렵겠다 한다

큰개불알꽃

보일러실 곁 양지에
돌부리 뚫고 발기한
너

이름값 좀 하지

에계계!

큐피드의 화살

넌,
내 거야

뾰족 부리로
콕,

찜해놓고 간

까치발

발화

말없이 가지가 된 뿔 보라
숨 쉬는 줄기의 이목구비 보라
버티는 밑동의 뿌리 보라
이파리 돋은 말을 허공에 받아쓰라

빈속

빈둥빈둥 노는 줄 알지만

허기진 까치떼 불러모아

숨겨 논 낟알모이 먹이느라

겨우내 빈들 속은 속이 아니라네

겹벚꽃 아래 눕다

부신 생각이 겹친다는 것은
당신의 미련 곁으로 두어 발 미끄러지는 일

미끄러지다 아차 싶어 씀벅 눈썹 젖히면
분홍으로 겹겹 쏟아지는 꽃들의 전언

이제 진짜 끝이야, 마음을 접을 때

손가락 베개 저릿한 풍경 속으로
허공의 지도를 가만 펼쳐 드는 흰나비 한 마리

1부

버킷 리스트

손깍지 베개로 풀밭에 누워 하늘 우러를 것

턱 괴고 앉아 먼산바라기 할 것

잠자리 편대의 비행을 따라 날갯짓해 볼 것

뻐꾹새 우는 방향으로 귓바퀴 굴릴 것

검은 고양이의 독백을 들어줄 것

말라 가는 지렁이의 혼을 주머니에 담을 것

회초리로 종아리 내리치고 길게 울 것

매에에, 아기 염소처럼 어린양 부려 볼 것

아차, 등에 깔린 풀들의 심정을 헤아릴 것

벌떡 일어나 손등으로 살살 어루만져 줄 것

구름 생각

구름이
움직이지 않는다
움직이지 않는 구름은
없겠으나 있다고 생각하면
있는 것이다, 누구나
마음 한편 정중동으로
흐르듯 멈추듯 뻐근하게
사람 하나 들앉아 있는 것이다
누구는 그것을 추억, 이라 하고
누구는 그것을 가시, 라고 부른다

종이배

할랑할랑 쪽지 같은 마음 접어서

절름절름 떠밀려 냇물에 흘러들었을 때

몸서리치게 소용돌이쳤을 때

꼭 쥐었던 좌표를 그만 잃어버렸을 때

바다로 바다로 돛을 밀던 바람의 배후, 어머니

욕지도

욕심은 접어 두고
빈 마음만 뭍에 부리지

물고기도 쉬어야지
허탕 치고 돌아와서

식은밥 생목으로 넘기고
김매러 간 고구마 밭떼기
넌출넌출 순은 오지랖 뻗어가네

섬을 업고 살았지
태풍도 수그려 맞았지

호미, 고마
이게 우리 노리개여

초여름

올림머리 여자 목덜미가 환했다

파리가 초인종에 앉았으나 벨을 울리진 못했다

못자리 개구리들 밤새 목젖이 부었다

물총새가 총알같이 물고기를 잡아 올렸다

그대라는 나무 그늘 들어 그루잠을 깨고 싶었다

나를 가져간 봄은 아직 나를 돌려주지 않았다

연잎

가만 손 내밀어 봐요

끙끙 웅크리고 앉은 슬픔이
손바닥에 오목이 쌓일 때가 있어요

가만 잎을 뒤집어
또르르 빗물 쏟듯 흘려보내 보지만

젖은 어둠에 희부윰 떠오르는 당신

추억을 까만 비닐 봉다리에 넣고
주먹을 뽈끈 쥐고 돌아오는
반야월 연밭 길

분수

점점이 빨라지는 춤사위

오른편으로 왼편으로
튀어 오르면서
공중을 적셨다가
터닝,

무릎을 살짝 접으며
사뿐 착지하는가 싶더니

방울방울 모여
흩어졌다 다시

발롱, 발롱

연못 귀퉁이
부레옥잠도 들썩이고 있다

추분

앞발로 콕콕 찍어 눈 비비고 털 고르고

길고양이가 대야 물로 세수를 한다

아침저녁으로 몇 번이나 씻고 닦아내는데도

나는 왜 금세 물때가 끼는지

마당귀 호박꽃이 호동그랗게 웃고 있다

편지

틀니 빠져 합죽한 할매
메주 쑤어 시렁에 묶으시다가

돌아가신 할배한테서
자꾸 편지가 온다고

우편함을 뒤적여 보여주는데
전기요금 고지서 보훈처 소식지

이제, 그만 보내라고
가마솥 아궁이 불쏘시개로 쓰셨다

돌부처

앞 거랑 공굴다리 밑에
어머니가 모시는 돌부처가 계시었다

허리 휜 양초 제 몸 태우기 시작하면
그믐달 방생한 바람이 경전을 읊었다

비보였으리라,

새벽이 닳도록 비손 올리고 돌아온
어머니의 야윈 등이 채반에서 떨어진
살찐 누에 한 마리를 살생했다

뒷산 딱따구리가 목탁을 쳤다

문상

날개는 있고
천사는 없었습니다

세 살배기가
받침대 올라서서
하나 둘 셋, 포즈를 잡아 봅니다

멀리 배경으로 서 있던 속리산은
찰칵 소리에 몸을 뒤척였다가
종아리 같은 나무들을 몇 차례 흔들어 놓습니다

어머니 임종을 지키지 못했다고
빈 술잔 만지작거리던 상주의 마음 같은
꽃가루가 분분히 봄을 떠나보내고 있었습니다

보약

할매국밥집에서
홀로 술국 먹은 새벽
취기 털고 일어서는데

'보약 달이는 마음으로
정성껏 끓였습니다'

플래카드와 눈 맞아
힘을 내 다시,
남은 국물을 훌훌 긁어 마시고
남은 소주도 탈탈 털어 마셨다

생은 가끔
소주보다 독하고
술국보다 뜨겁다

날아라, 고양이

레일 위를 붕붕붕
떠나요, 기분이 뾰족해질 땐
케이티엑스 열차 타고

레일 위엔 봄봄봄
차창은 네모난 텔레비전
생방송이죠

변두리 골목은 잊어요
나는야 환상 고양이
시크하게 수염 기르고

빗속에 떨지 말아요
구름 위로 둥둥둥
내일로 솟구쳐 올라
날고 싶은 냥이,
니야용

돋보기안경

내일 영희 만나면
가슴에 몰래 돋보기안경 씌워봐야겠다

나를 좋아하는 마음이
대박 크게 보일 것 같아
벌써 심장이 두근두근한다

혹시라도 영희 가슴속에
내가 없으면 어떡하지?

밤새도록 걱정이 태산이다

우울한 아이스크림

 먹이 찾아 수백 km를 남하해 아스팔트에 출몰한 북극곰을, 사람들은 차에서 내려 구경했다. 빙하로만 둘러싸인 해발 3200m 그린란드 정상에선 눈, 대신 비가, 내렸다. 줄줄 녹는, 처음 맛본 지구였다.

2부

랩

난요세상에서멀어지고싶은사람
계산에둔해서밥그릇을놓치고싶은사람
전봇줄와앉는직박구리한쌍을넋놓고지켜보는사람
숲에서문장을건지려고아파트를떠난사람
봇도랑흥얼거림노래로짓고싶은사람
그러나아침이면출근해서돈을셈하는사람
돈이적으면어쩌나주눅드는사람
진종일이리저리전화질해대는사람
점점먼곳으로나를떠나보내고싶은사람
행선지없는마파람처럼만화방창흘러넘치고싶은사람

기도

한 방울 눈물도 너의 구둣발을 닦도록

야윈 검지가 너의 구둣주걱이 되기를

나의 아픈 계절이 너의 환한 봄이기를

나의 작은 심장이 너의 새가 되기를

다친 마음도 널 감싸는 강물이 되기를

나도 모르게 자라나는 손톱과 머리칼도

너를 만지고 쓸어주고 사라지기를

너를 위해 쓰이기를

염색

봄비에
머리칼 헹구고

생머리 수양버들 연둣빛으로
신입생 노랑머리 같은 개나리
레게풍으로 배배 꼰 오얏꽃

총천연색으로
천 가지 색을 물들이는 봄날에

옻 오른다고
아이고 됐다고

백발 성성한
울 엄마

순산

저물녘 기어 나온 땅거미처럼
노파가 허릴 낮춰 포도를 따고 있다

톡,
포도나무가 탯줄을 끊자

첫아이를 받아 안듯이

두 손으로 조심조심히
거룩한 순교자들을 건네받고 있다

꾀병

산중에 감국 닮은 물솜방망이에
누렇게 뜰 정도로 흠씬 두들겨 맞다가
산기슭 자주꽃방망이에 정신없이 두드려 맞고
그만 며칠 거기서 앓아눕고 싶다

오프사이드

러시아월드컵
대한민국 v 스웨덴
첫 경기 열리는 날

며칠 전 주문한 TV가
면 단위 시골이라
내일모레쯤 온다고

이럴 때 좀 빨리 들오면 안 되나
반칙 좀 해서 훅, 치고 들오면

안 될까, 당신!

칼

잔디를 깎고
구석진 곳은
낫으로 베는데

여린 풀에도 칼날이 있는지
팔등에 피가 난다

입 대어 피 맛을 보는데
풀내 확 솟는다

빼빼로

머리가 깨질 듯 아파서 사는 것도 하루는 건너뛰고 싶었다

손톱의 때를 달여 마시면 머리가 맑아진다는 말을 들은 적 있다

고독을 우려낼 조리법 없어 슬픔 한소끔 맵싸하게 끓였다

다용도실 붉은 망 양파 싹이 한 자 가량 자랐다

추억을 박박 문지르면 틈새에 한기가 든다

사랑이 무너졌다고 사과할 필요는 없었다

무료영화는 싱겁고 빼빼로는 말이 없고

싱겁게 눈물이 나서 혀로 핥으면 짭조름해 안성맞춤이었다

아아

아아,
모르겠다는 말은 참말로 맞는 말

저물녘 산빛이 줄렁줄렁 가슴께 내려앉는 것과
집으로 돌아가는 흥거운 새 떼의 발걸음에
온통 나를 벗어버리고 우두커니 껍데기로 서는 일

바글바글 풀벌레들 어디로 숨어버렸는지
그저 익은 것을 거두는 일이란
무서리 뽀얗게 내려 젠장, 바지춤 끌어올리는 일

아아,
하늘이 하도 싱싱해서
몇 잎 척척 접어서 쌈 싸 먹고 싶은데
어디로 흘러가나 구름을 비껴가는 달무리

개망초

내려서면 길게 마음 풀어지는 길섶으로
흔해서 낯선 꽃을 독백처럼 피우겠지만

꼭 얼굴 보러 오란 얘긴 아니에요

바쁜 거 알아요
아무렇지 않은 듯 앓아요

네 시 방향으로 돌아앉은 의자를
열두 시 방향으로 돌려주는 건 일종의 예의일까요

허연 달빛 조각하러 구름이 몰려오지만
이게 다 무슨 소용이겠어요

꽃 진다고, 꼭 다녀가란 말은 아니에요

부재

이어폰 고무 덮개
귓구멍 꽂힌 줄 모르고
책상 밑 침대 밑으로
알알샅샅 뒤져보는데

맨날천날 붙어있는 줄

양말 찾을 때도
물 좀 줘, 할 때도
티브이 웃기는 거 할 때도
자꾸만 입술에서 흘러내리는

여보—

부처님도 바쁘시다

인연인가 지켜보려고
너를 이쯤 두게 하고
십 년 또 몇 십 년을
나는 저만치 남게 하고

인연인가 보려고
나를 이쯤 이끌게 하고선
백날 밤 또 천일 밤을 걸어서
너를 내 곁으로 데려오신다고

그렇게 극적으로
대본 한 편 연출하느라
부처님도 참, 어지간히 바쁘시겠다

결례

삼복더위 식히려고
해 빠질 녘 마당에
호스로 물을 잔뜩 뿌리는데

이게 뭔 일이여,
메뚜기 방아깨비 풀쩍풀쩍
도마뱀 기겁하고 돌담 틈으로
비단개구리 어쩔 줄 몰라

아무래도 단골에게 막 대한 것 같다

바람 가족

아기 구름 심심하다고 놀아 달래요

엄마는 들꽃 깨우러 새벽에 나갔어요

아빠는 해종일 미세먼지와 싸워요

산골짝 마을에 편지 전하러 다녀올게요

동생은 그새 못 참고 갈쌍갈쌍 울며 따라오네요

저녁 밥상머리엔 우리, 함께할 거죠

하루가 참 길었어요

상처

출입구 경사로에 흙이 밀려 내려와
장대비 그치고 공구리를 치는데

굳기 전에 흙칼로 시멘트 회반죽을 긋는다

주욱쭉 주우쭉
살점을 뜯어낸다

골이 깊어져야 미끄러지지 않는다고

여름 살려

빤주만 입은 아이들
여름 사냥 중이다

여울목에 반두 척 걸어놓고
첨벙첨벙 물고기 후치면
수초며 풀섶에 자근자근 밟힌 여름을
새빨간 양동이에 주워 담고

호박꽃 속에 앵앵거리다
풀쩍 도망치는 여름을
잠자리채 들고 뒤쫓는다

아이고야, 여름 살려!

생명 보험

죽은 줄 알았던 길고양이 살아 돌아오고

죽은 뻔했던 우리 집 개가 살아 돌아왔다

위험한 생명은 대개 보험이 안 되는데

이 보험 저 보험 쏟아부은 엄마는

요양병원 가서 영영 돌아오지 않았다

3부

입하 立夏

연이틀 비가 와서 오래도록 보고 싶었다

누군가 때 없이 찾아와 술 한잔 기울일 때

피잉 눈물 한 조각 가슴에 박히거든

핏줄 속으로 마음 한 가닥 돌고 있는 거라고

덩굴장미가 불타는 심장을 꺼내 보여주었다

뒷산 뻐꾹새 듬성듬성 장난을 걸어오고

베란다에서 15년 키우던 거북이가 죽었다는

문자를 읽다가 문득 방생이란 단어를 떠올리며

비단개구리 폴짝거리는 마당에 나가 비를 맞았다

보현산

다 보고 있다
산꿩 세 마리 어느 능선으로 놀러 갔는지
아랫마을 감나무 홍시가 몇 알 남았는지

다 듣고 있다
시퍼런 무청 쑥쑥 허공을 치받는 소리
아이고 무릎이야, 가을하는 노부부 앓는 소리

눈은 떴는지
밥은 먹었는지 밥벌이는 하는지

바람도 숨 차 쉬어 오르는 천문대
등 수그려 애처로이 품은 것들 살피랴

돋보기안경에 보청기 주섬주섬 챙기는,

갈매기섬

섬 갈매기는 섬을 닮는다

미련하게 틀어박혀
돌아봐도 그 자리

바다를 여는 문은
항구 쪽에 달려 있는지

어여 가라
등 떠밀던 어미 새
울어봐도 그 자리

새우깡 든 사람들이
잔뜩 밀려 들어온다

연극

굿모닝!

나무는 어깨를 흔들어 주시고
새들은 볼륨을 높이세요
자, 구름은 조도를 낮추고요
바람은 행인처럼 지나가세요

세상이라는 무대 위에
당신은 주인공

똑같은 연출은 없어요
학교도 직장도 배경으로 넣고요
조각달은 조명으로 걸어두세요

자, 오늘이라는 객석에 함께 커튼콜

꽃뿔

세상에 뿔 없는 꽃 어디 있겠어요
치받지 않고 어찌 땅의 생살 투둑 뚫고 솟겠어요

백 번 천 번 쿵쿵 언 땅 들이받는
오, 한 생을 건 지독스레 질긴 싸움

당신도 아시겠지만
돋은 노랑앉은부채 뿔을 보았다면
꽃멀미 불사르고 뚝 뚝 눈물 보채면

다친 뿔 거둬 당신 발치 묻어 주세요
당신만 아시겠지만

안전벨트

꽉, 안아 주세요

어깨 가슴 으스러져도 좋아요

당신은 그럴 권리 있어요

go back

안아 달라기 전에 안아 줬어야 했다

문고릴 잡고 우는 이의 등을 쓸어줬어야 했다

한참을 돌아보니 당신은 없고

목젖 부은 오월만 웅크리고 있었다

추석달

쓸쓸한 저녁 왔을 때

그냥 보내지 않고 손등 적셔줄 때

뒤집은 손바닥에 이른 달빛 소복할 때

끓어 온 고기가 노릇노릇 익어 갈 때

안친 쌀이 고슬고슬 보풀었을 때

곰삭은 김치의 케미가 끝내줄 때

참소주 한잔에 유행가 한 소절 흥얼거릴 때

대처에 남겨둔 처자식이 둥싯 떠오를 때

쇠꽃

눈 감아야 보이는 사람 있어요

나비 머리핀 나풀나풀 꽃길 날아가요

사진 속에서 웃는 당신

괜찮다, 길게 팔 뻗어 등 토닥이는데

향 연기만 허적거려 헛웃음 나네요

뜨겁다고 화장은 말했는데

먼저 가 기다리는 사람 있어서

미안해요, 눈에 넣어도 아프지 않다던 내가

세상에 부러지지 않으려고 쇠꽃이 되었어요

배틀battle

뒤뜰 느티나무에 새들 왁자하다

모처럼 겨울비에 달떴는지
콩새 참새 까치 까마귀
떼창한다

창 열고 블루투스 켠다
박보검의 '별 보러 가자'를 날린다

젖은 새들 목청을 높인다
빗방울이 포도나무 비닐하우스를 난타한다

고막이 엉킨다
참다못한 개가 컹컹컹 한번 붙어보자고 한다

우린, 서로의 노랫말을 알아듣고 있을까?

양념

전화를 끊고
마음을 끓여요

고등어찌갤 졸이고
졸인 마음을 조려요

행주치마 앞섶에 물손 닦으면
마늘 깐 손톱 끝으로 아려오는 사람

아니지 아니야, 괜스레 냄비가 울고
김 서렸다 희붐해진 안경알 너머

녹진히 풀어지는 슴슴한 얼굴 하나

혼밥

  1+1 상품을 둘러보는 습관. 컵라면을 사서 구석진 테이블에 바람 빠진 풍선 인형처럼 앉는다. 창밖엔 가랑비가 1111, 1자를 공중에 새겨넣고 있다. 둥근 김밥이 삼각이 될 때까지 편의점은 진화했다. 스타킹과 우산이 진열대에서 나를 구경하고 있다. 나무젓가락을 쪼갤 때, 한쪽이 삐뚤면 재수가 없다. 목에 사레가 든다. 졸린 알바생이 목을 빼본다. 강아지 간식을 사서 편의점을 나선다. 뽑혀 나가지 않은 벼룩시장을 우산처럼 뒤집어쓰고 띈다. 어제 같은 오늘이 반복되고 있었다.

청거북

달빛 홑청 덮고 누워

조금 더 당기니 발가락 나오고
조금 더 내리니 목이 나옵니다

벽시계는 자정 3분 전,

플라스틱 수조 청거북이
투닥 고요에 흠집을 내는

끝인가 하면 시작인
불멸의 하루

12월

누구는
머리에서 가슴으로
사랑이 내려오는데
칠순이 걸렸다는데*

벽에서 달력이 뛰어내리는 데는
고작해야 열두 달

조급해서 몇 날을
동동거리다 놓쳐버린 당신

농협에서 주는 공짜 달력 걸면서
빈 들 같은 마음에 바람개비만 부질없이 돌았다

* 故 김수환 추기경의 말

동창

젓니 같은 잔별 스물 몇
흔들흔들거리더니

친구라는 이름 이름에 떨어져
별똥별이 됐는데

밤하늘 잇몸이 가려운지
달빛을 황소 혀처럼 구부려
자꾸 지상을 핥아보고 있다

영천永川

형은 포항으로 가고
누나는 대구로 가고

아버지 낫질을 이해하는데
백번의 계절이 바뀌고

포항은 용광로 끓는 제철소가 있고
대구엔 비산동 물들이는 염색공단이 있고

피붙이들 다 빠져나가고
세간살이 틀니처럼 헐거워도

영영, 떠날 때는
내를 거슬러 돌아오고야 마는

붉은 자루

돈 못 보태줘도
잘 키 준 자식처럼
양파 씨알이 굵다

엉덩이 방석 할매들
해종일 수다 떤 밭뙈기
자루 자루 붉다

하루 일없이 오도카니 묵혀두는 건
눈물 마를 빈 밭에 바람을 쐬어주는 일

얼얼한 슬픔 쟁여 안는 자루
—참, 잘 자랐다

욕쟁이 할매

기분이 저기압으로 꿀꿀할 땐
고기 앞으로 가야 하는데

돌아보지 마, 미친 새끼, 돌아보지 말라니깐
지랄 염병하고 저러니까 욕 먹제, 개새끼!
그냥 쌈빡하게 갈 길 가야지, 남자 새끼가

티브이 연속극을 힐끗힐끗 보면서
행주로 식탁을 닦으면서

홍시분계선

옆집 감나무 가지가 담 넘어
마당에 축 처져 내려옵니다
홍시를 주렁주렁 달고서

경계를 넘어버린 가지들
사람이나, 나무나
자식들은 내 맘대로 안 되는 것일까

—군사분계선 넘으면 우리 거 아이가!
노모가 환갑 넘은 맏이에게 농을 던지자

이웃끼리 싸우면 안 된다고
까치밥도 남길 줄 알아야 한다고
감나무는 말없이 가지를 한번 흔들었습니다

4부

달집

일 년에 한 번
달도 집이 생긴다

부스럼 부적 이마에 붙이고
귀 밝아라! 눈 밝아라!
주문을 외면서

정월 대보름 하루만은
오곡밥에 볼 미어터진 채
성큼성큼 퇴근을 서두르는 것이다

초저녁에 제집이 활활 타버린 줄도 모르고

대략난감

퇴근길 아파트 입구 트럭 노점

닭꼬치가 입맛대로 별미인지라
양념으로 삼천 원어치 주문하고
허연 입김을 허공에 뿌리고 있는데

─나도 커서 아저씨처럼 될 거야, 돈 많이 벌 거야!
여남은 살 사내아이 대뜸 말을 던졌고

순
간,

정지화면처럼 정적이 흘렀고
아이의 어머니는 못 들은 척 전화기를 꺼내고
치이치이 불판만 홀로 중얼중얼하는데

씁쓸한 저녁에 염통이 하필이면 매웠다

마늘빵

'꽃이 피었습니다'
사진전 작품집을 펴놓고
한겨울에 실컷 꽃구경하였다

안부의 모처럼에 꽂혀
없는 시간이 쪼개지고
혀 밑에 얘기꽃이 봉싯 벙글었다

아메리카노가 식고
주머니서 꺼낸 반가움이 눅고
앉은 자리가 뜰 자리가 되었을 때

덩그러니,
접시 남은 한 조각
체면

장기기증

현
장
기
증
처

마을문고 헌책 나눔 행사 플래카드를 보고

장기기증 여기서 하냐고
허리 굽혀 물으신다

아이고, 어르신
그 장기가 아니라고 손사래 치는데

아양교역에 멈칫했던
1호선 지하철이 쏜살같이 달아난다

겨울비

찰바당찰바당
봇도랑 차게 흘러
나는 두서없음입니다

거기 누구슈 하면
어둠이 등을 웅크리는
감당이 때론 불감당입니다

시시때때로
당신 집 앞 서성이는
발자국의 짧은 흔적이겠습니다

앞내 물고기도 화들짝 깨어선
푸둥푸둥 마음 불어나는

어쩌자고 나는 자꾸자꾸입니다

캐논

파헬벨의 캐논을
유튜브에서 내려받아 듣는데
포도밭 비닐하우스를 난타하는 빗소리

귓바퀴는 멀리 굴러가서 돌아오지 않고
가서 오지 않는 사람 때문에 누군가의
출렁이는 가슴에 바이올린 선율 물결치겠다

커피는 식고 식은 커피잔 위에 앉은 파리가
박자를 맞추려는지 손을 부지런히 비비고
허기진 안개가 먼 산마루를 슬슬 파먹기 시작하네

구두

나는 네가 오래 신은 구두

팍팍한 무두질로 생가죽 물러졌지만

아무래도 길 밖으로 너무 끌고 다닌 건 아닌지

뒤축이 해진 구두 꺼내 가만가만 물광 내주었다

안부

여기 책상머리 앉아 있어도
네 눈물짓는 소리 아프게 들린다

그렇게 메시지 보내고 나니
나도 늙나 보다, 어느새 희끗한 귀밑머리

사람이 고픈 저녁이다
저무는 해가 애달파
어디 부뚜막에라도 붙들어 매고 싶은 세밑

여기 멀리 물병자리 앉았어도
네 들썩이는 어깨 보인다

별이 차가워서 나는 슬프다
또, 보자

해바라기

당신 쪽으로 불어가고 싶었어요

살바람 맞으면서
그림자가 바닥에 길게 늘어설 때
햇살을 주워들고 잠깐, 그리운 테두리 빚으면서

하루가 온몸으로 하루를 깃들이듯이
나도 그만 투명해져 당신에게 깃들이고 싶어져요

언제라도 가볍게 목례 나눌 발치에서
마음을 당신 쪽으로 걸어둘게요

마음의 근육

마음이 탈났다
덩굴손처럼 뻗다가도 곧잘 멍든다

이마에 찬 수건 올리던 손길이 문득 떠올랐을 때
한 며칠 휴가를 쓰시죠, 마음에 물어봤어야 옳았을까

예년보다 일찍 가을을 탔고
언제부턴가 멧돼지가 도심을 들이받았다
열병 앓던 돼지들은 무더기무더기 어디로 사라졌을까?

미운 마음에 미음 한술 더 뜨게 하고 싶어
마음이 슬쩍 마음을 당기며 근육을 하나씩 키우고 있다

겨울나기

연잎 한 잔 우려내
양파 순 파릇한 겨울을 본다

우련한 햇살 손바닥에 올려두고
천川자 엇비슷한 손금 훑어보는데
울타리 남천이 붉디붉다

외투 걸치고 앞내로 발길 옮기니
살얼음 아래 졸랑졸랑 무늬를 옮기는 물고기
왜가리도 발이 시린지 외다리다

콧등에 닿는 볕이 달다

안은정

서른 살이라 했다
완산동 시장통 다방에서
커피 배달 나가는 은정이는
돈이 급하다고 했다
연변 사투리로 뭐라뭐라 하는데
삼 년 전에 남편을 잃었다 했다
중국 땅에 자식 둘 두고 왔다 했다
강변 누렇게 익은 보리밭 둑길로
스쿠터 타고 오는 은정이
올 나간 살색 스타킹에
왠지 웃픈,

멧비둘기

다락 난간에 앉아
아침 명상에 잠기셨다
눈알이 빨갰다

커피가 식는 탓에
딸깍, 창을 닫았지만
그는 개의치 않고
다시 상념에 깊이 잠기시었다

하던 일도 내려두고
언제까지 그 자세로 계실 건지
기왕 지켜보기로 했는데

거리 두기 수칙을 준수하라며
여기저기서 문자가 온다

면벽

벽지에 박힌 꽃무늬가 일어나 앉는다
천장에 매달린 전등이 부스스 무릎을 모은다

겹겹의 벽
내 안의 동굴 벽 보인다

파면 팔수록 깊어지는 벽
치면 칠수록 조여 오는 벽
벽 속에서 옴짝달싹 못 하는 나

짚 엮어 구멍 숭숭한
외양간 흙벽이 별안간 생각나는 것이다

첫

뭐가 됐든 이름 앞에
네가 오면 벌써 마음이 뛰는 것

두근반세근반 부풀어 오르는 것

첫사랑 흐린 기억 같은 눈송이
누군가 고갤 들어 아아, 이마를 적시고
누군가 선 자리서 거푸 머리를 털고

누가 됐든 너는 계속해서 오는 것
인정사정없이 막무가내로 오는 것

첫 숨 같은,

소설 小雪

여수에 홍매가 소롯이 벙글었다는구나
거제에 동백이 화들짝 깨어났다는구나

소설 황소바람에 문풍지가 찔끔 울었는데
나무들은 벌써 소설을 쓰기 시작했다네

남녘 옹옹한 꽃소식을
귓등으로 헐칠 것이냐

게으른 발걸음아
오그라진 마음아

역주행

한여름 화북 자천 국도를 넘어오는데
경운기 한 대 무심히 역주행해 온다

한갓지게 담배 한 대 물고서
한 손으로 핸들을 툭툭 건드려주면서
농부는 땡볕을 저속으로 탈탈탈 몰고 있다

백미러 속 차들
슬쩍슬쩍 중앙선을 넘나드는데

누구나 한번쯤
뒤통수에 비상 깜빡이 켜고
세상을 역주행해 보고 싶었는지

아무도, 클락션을 빵빵 울리지 않았다

밥 한번 먹는 거리

언제 밥 한번 먹자던 오래된 벗에게서
모친이 돌아가셨다는 문자를 받았다

밥 한 공기 같이한 지 오 년이 넘었는데
오만 원 할까, 십만 원 할까

밥 한번 먹는 거리가
부의금의 질량이 되어 서성거린다

화장실 앞까지 따라 나온 근조화환
제 죽을 운명을 모르고 망자를 배웅하고 있다

마지막 포옹

발목 잘린 채
깻단이 서로 부둥켜 울고 있다

꼬투리에 깨알 같은 죄를 숨기고
이 악물고 서로를 견디고 있다

남은 시간이 얼마 없어요,

서로의 생을 예감하듯
독한 매질에 죄를 다 털어내고서야

마른 몸을 누일 수 있다는 걸
깻단은 이미 아는 까닭이다

말 건네기

　언제부터 사물들에 말 거는 버릇이 생겼다. 밤내 덜그럭거리던 마당의 외등에, 몸을 잔뜩 웅크린 계단에, 성에꽃 내려앉은 승용차에, 꽝꽝 얼어 터진 물조리개에 "안녕, 안녕~" 인사를 던지면 그네들은 일일이 표정으로 화답하곤 했다. 침묵이란 빛나는 언어를 가진 돌이며 고샅길이며 벚나무며 감나무의 속내를 읽어내는 눈매가 필요했다. 빈 가슴 파고드는 초여름 뻐꾹새 소리며 겨울밤 허공을 깊게 적셔오는 부엉이 울음을 맑게 채색하는 눈빛이 간절했다. 곁을 내주지 않는 길고양이의 은빛 경계와 아스팔트 위에 꾸덕꾸덕 말라가는 지렁이의 마지막 몸부림을 보듬는 손길이 절실했다. 동동이를 동물병원에 보낸 몇 날의 끙끙거림과 베란다에 들이지 못해 끝내 놓친 다육이의 보드라운 손끝을 오래도록 저미는 마음으로 곡진하게, 닳아가는 것과 낡은 것과 작은 것과 낮은 곳에 움츠린 것들에 절로 힘이 쓰여 후후 따신 숨결을 불어넣고 싶었다.

별 것 아니면서 특별한,

 때가 있다. 무심히 지나쳤던 것들이 환하게 다가오는 때. 유모차 밀고 가는 노파의 굽은 등과 빈집 담장을 넘어서는 무화과나무 가지, 대문간 내놓은 아남전자 텔레비전, 못논에 부유하는 개구리밥과 샛강 지킴이 가오리와 쇠백로, 누런 호박꽃이며 거름 내음이며 된장국 끓는 소리며 아내의 지청구며 거실을 떠도는 먼지며 예닐곱 해 식물인 누이며 실업급여 받던 부르튼 손이며 걸음만 붐비는 봄이며 새벽까지 불 켜진 아이의 방이며 철근공 박 씨의 그을린 등짝이며 갑자기 들이치는 소나기며 염천의 사과나무며 산딸나무와 으름덩굴이며 천렵이며 낮달이며 혼술이며 요양병원 어머니의 링거병이며 싸목싸목 송이눈 내려앉은 골목까지. 아프도록 정겨운 것들의 짙은 목소리를 알알샅샅 흉곽에 새기도록 하겠다.

시산맥 문고시선 02
어쩌자고 나는 자꾸자꾸

초판 1쇄 발행 | 2022년 07월 20일

지 은 이 | 손준호
펴 낸 이 | 문정영
펴 낸 곳 | 시산맥사
편집위원 | 이송희 전철희 한용국
등록번호 | 제300-2013-12호
등록일자 | 2009년 4월 15일
주　　소 | 03131 서울특별시 종로구 율곡로 6길 36.
　　　　　월드오피스텔 1102호
전　　화 | 02-764-8722, 010-8894-8722
전자우편 | poemmtss@hanmail.net
시산맥카페 | http://cafe.daum.net/poemmtss

ISBN　　979-11-6243-303-4 (03810)

값 10,000원

* 이 책은 전부 또는 일부 내용을 재사용하려면 반드시 저작권자와
  시산맥사의 동의를 받아야 합니다.

* 이 책은 교보문고와 연계하여 전자북으로 발간되었습니다.

* 본문 페이지에서 한 연이 첫 번째 행에서 시작될 때에는 〈 표기를 합니다.

* 저자의 의도에 따라 작품의 보조 동사와 합성 명사는 띄어쓰기가 달라질
  수 있습니다.